# AU TIS ME wat?
## Hoe zit dat?

Wendy Timmermans

# Colofon

Geschreven door:
Wendy Timmermans

Illustraties:
Wendy Timmermans

Uitgegeven door:
Graviant educatieve uitgaven, Doetinchem

© 2015 Graviant

ISBN 978-9491337543

# Inhoudsopgave

## Woord vooraf

Hé jij daar, ja jij bijzonder kind met al die mooie dingen waar jij goed in bent.
(Welkom voor ouders en verzorgers, dit is de Inleiding en de tekst die voor jullie geschreven is, staat tussen haakjes).

Op dit moment lees jij dit boek: AU TIS ME wat? Hoe zit dat? samen met je ouders of verzorgers, juf of meester omdat het een samenleesboek is.
Het woord zegt het al; SAMEN, wat jij dus samen met je ouders of verzorgers, juf of meester leest. Vanaf nu noem ik ze je helpers.
(Omdat ouders en verzorgers, juf of meester in dit boek vaak terug zullen komen, noem ik ze vanaf nu je helpers). Dat is korter en leest makkelijker.

SAMEN is in dit boek belangrijk omdat dit de mensen zijn die:

- o        je willen helpen bij dat, wat je wilt leren;
- o        met je praten als je iets lastig vindt;
- o        je steunen bij dat, wat je gaat doen;
- o        blij zijn met die mooie dingen die je laat zien;
- o        trots op je zijn, omdat jij een prachtig kind bent.

In dit samenleesboek staan vragen die jij SAMEN met jouw helpers kunt maken.
De antwoorden op deze vragen kun je in de invulmap AU TIS ME wat? Zo zit dat bij mij! schrijven. (Deze invulmap is los verkrijgbaar).

Voordat we echt met het boek, AU TIS ME wat? Hoe zit dat?
beginnen wil ik je eerst vertellen wie ik ben.

Ik ben Wendy, ik heb 2 kinderen, Aniek en Cas.
Ik ben net als jij autistisch. Autisme brengt mij
mooie dingen. Het geeft mij ideeën die ik kan
tekenen en schilderen.  De plaatjes in dit boek heb
ik zelf gemaakt.
Voordat ik dit boek ging schrijven, was ik juf op
een basisschool. Nu werk ik samen met autistische
volwassenen en kinderen en hun ouders en verzorgers.
Om deze mensen te laten zien, dat je ook met autisme
een leuk leven kunt hebben.

Zelf weet ik pas sinds kort, dat ik  autisme heb.
Dat wat ik nu snap en waar ik mijn hele leven over
gedaan heb, wil ik met jou en je helpers delen.

Het zou fijn zijn als jij, eerder dan ik, begrijpt wat autisme is en hoe je er mee om kunt gaan.
Want als dit lukt, sta je stevig in je schoenen, met je beide benen op de wereld en kun je
doen waar je goed in bent. Jij bent je kracht. Daar gaat dit boek over.
Ik heb door  mijn eigen "Ben je kracht" dit boek kunnen maken.

Hoe werkt dit boek?
AU TIS ME wat? Hoe zit dat?, gaat over wat autisme is. In dit boek wordt er met een wit
poppetje gewerkt.
Dit poppetje gebruik ik om uit te leggen wat autisme is.  Waar het je kan helpen, geef ik
al enkele tips. Tussen haakjes staat de tekst voor de helpers. Het is niet nodig dat dit voor
wordt gelezen. Het mag natuurlijk wel.

Autisme is iets waar jij je, net als ik, niet voor hoeft te schamen. Het hoort bij je. Je kunt er
mee leren omgaan.

## Dankwoord

Mijn kinderen Aniek en Cas hebben mij geholpen bij het schrijven van dit boek. We hebben het samen gelezen en als er iets niet gesnapt werd, dachten we samen na over hoe dit dan duidelijker opgeschreven kon worden. Ze zijn mijn inspiratiebron.

Mijn oud collega uit het onderwijs, Karen van Breemen, wil ik bedanken voor haar enthousiasme en het meelezen en denken bij het schrijven van dit boek.

De fotograaf Raldo Neven voor het maken van de portretfoto.

APANTA-GGZ heeft mij de mogelijkheid gegeven om mijzelf te kunnen ontwikkelen tijdens mijn studie als ervaringsdeskundige. De kennis die ik bij APANTA-GGZ heb opgedaan, heeft mede gezorgd voor het ontstaan van dit boek: AU TIS ME wat? Hoe zit dat?

Ben je Kracht!

1    Wat is autisme, gevoelig zijn voor prikkels?

Voor iedereen is autisme anders. Dat komt omdat je extra gevoelig bent voor prikkels, maar van welke prikkels je last hebt, kan voor mij heel anders zijn dan voor jou. Met prikkels bedoel ik dingen die je kunt waarnemen met je uitwendige organen. Deze uitwendige organen heten zintuigen. (Leg uit wat zintuigen zijn en wat ze doen).
Welke zintuigen er zijn, staat hieronder.


Prikkels die je kunt waarnemen met je zintuigen:

- o    Voelen met je lijf of huid.
- o    Ruiken met je neus.
- o    Zien met je ogen .
- o    Horen met je oren.
- o    Proeven of voelen met je mond en tong.


Hoe merk je die prikkels?
De prikkels komen allemaal binnen via je zintuigen.
Met je zintuigen neem je dingen waar en dat kan van alles zijn.
Op de volgende bladzijden geef ik voorbeelden van hoe dit werkt.

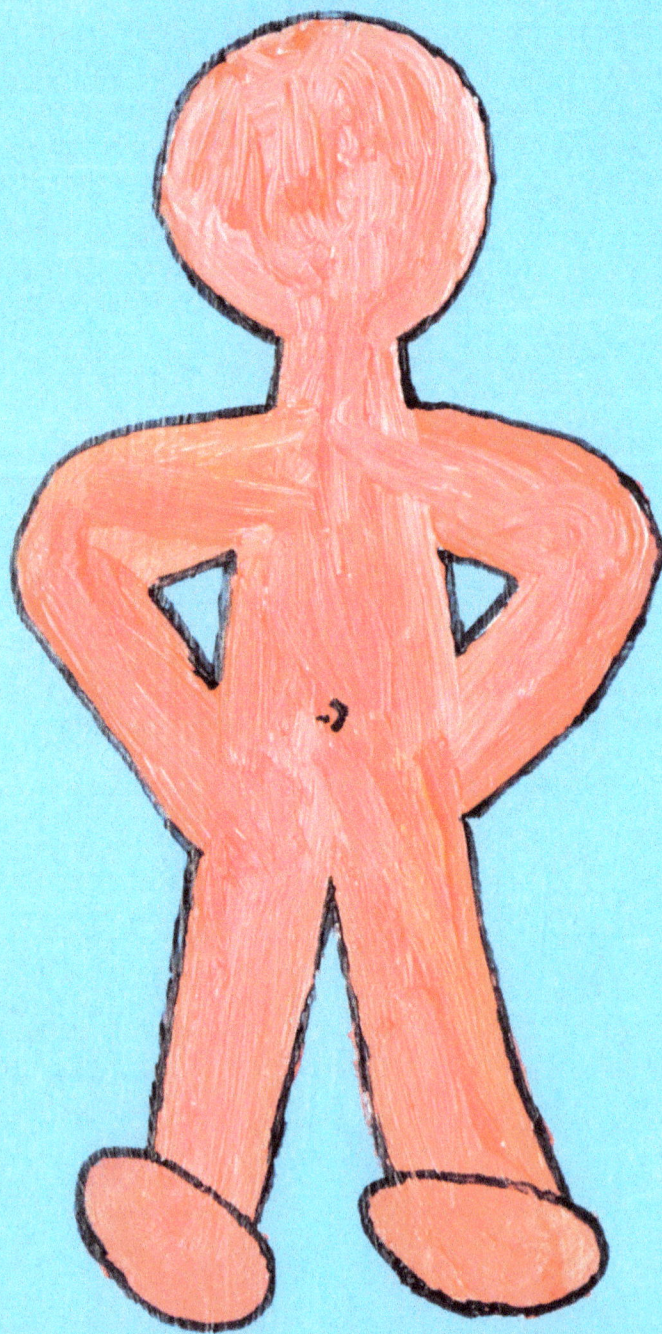

## 2      Voelen met je lijf of huid

Je staat er vaak niet bij stil hoeveel je kunt voelen met je huid.
Ik zal eens wat opnoemen:

o      Warmte of kou (temperatuur)
o      Kleren die je draagt en de stof waarvan het gemaakt is, labels die er in zitten of harde draadjes waar een naam of tekening mee is vast gezet op je kleren.
o      Pijn
o      Knuffels, een aai, een kus van je helpers.
o      Wind, regen, sneeuw en zon
o      Insecten die je steken omdat ze je lekker vinden; bijvoorbeeld een mug.
o      Je haar voel je, als het anders zit dan normaal. Een voorbeeld voor meisjes; je draagt je haar altijd los en ineens heb je een staart. Dat voel je op je hoofd. Soms komt het voor dat het pijn doet. Een voorbeeld voor jongens; je hebt nooit gel in je haar, maar nu wordt je haar omhoog gezet met gel. Dat voel je op je hoofd en dat voelt niet fijn.
o      Kun jij nog iets bedenken, wat je kunt voelen met je huid? Praat hier over met je helpers.

Dat je dingen voelt hoort er bij. Maar als je er last van hebt, is dat niet fijn. Het kan je dan storen in dat waar je mee bezig bent. Waardoor je moeite hebt om daar met je hoofd bij te blijven.

Het is belangrijk, wanneer je last hebt van dingen die je voelt met je huid, dat je daar wat van zegt en als het kan, ook wat aan doet. Zo kun jij je hoofd  gebruiken voor die dingen die belangrijk zijn en niet de hele tijd bezig bent met bijvoorbeeld een trui die ontzettend kriebelt, waardoor je ontzettend moet krabben van de jeuk.
Als daar iets aan gedaan kan worden, dan krijg je meer rust in je hoofd.

Niet aan alles wat je voelt, is iets te doen. Een voorbeeld; je hebt heerlijk geslapen in je fijne pyjama. Nu moet jij je spijkerbroek aan en die komt uit je kast en voelt daardoor kouder dan je pyjama. Dat is vervelend en je moet nu echt even door zetten, want je kunt niet in je pyjama de straat op. Een pyjama is om in te slapen, dat is gewoon zo.

Soms hoort het vervelende gevoel er even bij en als je doorzet is het zo voorbij. Je spijkerbroek wordt vanzelf warm door je lijf. Als je zo'n spijkerbroek nu een half uur aan hebt en het blijft vervelend dan is het belangrijk dat je daar iets mee doet. Het zou kunnen liggen aan de stof. Misschien is deze wel te hard en te stug of zit de spijkerbroek te strak.

Een oplossing is dan om gauw die spijkerbroek uit te doen en fijn een andere broek aan te trekken.

Als je heel veel blijft voelen met je huid of je lijf en daar altijd last van hebt, is het slim om eens naar de huisarts te gaan.
Zelf slik ik nu tabletten tegen de jeuk. De tabletten zorgen ervoor dat ik minder jeuk heb. Heel fijn want ik werd soms echt gek van de jeuk.

Misschien heb je wel geen last van prikkels die je voelt met je lijf of huid. Dat kan want zoals ik al schreef, is iedereen anders.

Welke prikkels, die je kunt voelen met je lijf of huid, vind jij lastig?
Praat hier over met je helpers.

## 3  Ruiken met je neus

Met je neus kun je ruiken. Dat is vast niets nieuws toch?
Maar wat je wilt ruiken, is wat anders dan wat je allemaal ruikt.

Als ik mooie bloemen zie, dan kan ik denken "daar ga ik eens aan ruiken want
ik ben benieuwd naar de geur".

Maar wat ik allemaal ruik is toch héél iets anders dan wat ik wil ruiken.

Als ik buiten loop op een mooie lentedag, kan mijn neus last hebben van de volgende prikkels:
- uitlaatgassen van auto's;
- gemaaid gras;
- poep op de stoep van honden;
- kriebelende pollen in mijn neus, deze komen van bloemen en planten af;
- mensen die langs lopen met parfum;
- en vast nog wel iets waar ik nu niet aan denk, waar denk jij aan?

Daar is niets aan te doen want deze geuren zijn er. Of heb jij zin om de hele dag met een
wasknijper op je neus te lopen?

Als er veel verschillende geuren zijn, kan het in mijn neus zelfs gaan kriebelen. Daarvan
moet ik niezen en soms ga ik op de wc even in mijn neus peuteren om van de irritante jeuk
af te komen. Waarom op de wc? Stel je voor dat ik nu naast jou zit en in mijn neus zit te
peuteren. Dat ziet er best gek uit hè?

Misschien heb je wel geen last van prikkels in je neus. Dat is fijn en dat kan want, zoals ik al
schreef, is iedereen anders.

Welke prikkels die je kunt ruiken met je neus vind jij lastig? (Praat hier over met je helpers.)

## 4    Zien met je ogen

Met je ogen zie je veel.  Hoe ik met autisme de dingen zie, is anders dan bij mensen zonder autisme. Jij bent ook een mens. Wist je dat? Een jong mens en je groeit totdat je een groot mens bent. Dan ben je volwassen.

Als ik een huis binnen stap, waar ik nog nooit ben geweest, dan sla ik elk ding, klein of groot, wat ik zie op in mijn hoofd.
Ik kan daardoor erg lang kijken en ik vind het fijn, als ik daar dan ook de rust en tijd voor krijg. Als mensen op zo'n moment dan ook nog eens met mij  willen gaan praten, dan worden het wel héél véél prikkels.
Het liefst word ik dan even met rust gelaten.

Als ik met rust word gelaten, heb ik de tijd om alles wat ik zie in mijn hoofd een plekje te geven en kan ik een compleet  plaatje maken.
(Wat is een compleet plaatje, snapt uw kind dat?)
Als zo'n plaatje compleet is en ik kom nog eens op die plek, dan heb ik niet zo veel tijd meer nodig om alles te zien. Ik weet nu hoe het daar in elkaar zit. Mijn plaatje klopt.

Maar als dat dan door de mensen, die daar wonen veranderd wordt en ik kom daar binnen zonder dat dit aan mij verteld is, dan is mijn hoofd even in de war.

Waarom? Omdat mijn plaatje dan niet meer klopt.

Ik zie ook altijd als mensen iets nieuws hebben in hun huis en soms zeg ik daar dan iets van. Bijvoorbeeld, "Goh, heb je een nieuwe lamp. Wat is die mooi!"

De nieuwe dingen of veranderingen in die kamer geef ik dan een plekje in het plaatje. Waardoor het plaatje opnieuw compleet wordt.

Nog een paar voorbeelden:
Wanneer ik uit de hele grote kast bij mijn moeder thuis een zak drop mag pakken, vind ik dat erg lastig. Ik kijk in de kast en met mijn ogen bekijk ik dat wat er in de kast staat stukje voor stukje, totdat ik deze zak drop vind. Dat kost mij veel tijd. Het zou veel fijner zijn als mijn moeder mij vertelt op welke plank en aan welke kant ik deze zak drop kan vinden. Ik zou het dan sneller kunnen vinden. Mensen zonder autisme zien dit sneller. Ik heb hiernaast een plaatje gemaakt hoe dit, voor mij werkt. Je ziet de kast. Door er nu met het vierkant met kijkgat over heen te bewegen zie je hoe ik elk ding wat in de kast staat, per ding in mijn hersenen op sla. Zo zoek ik dus wat ik nodig heb. De hele kast ineens overzie ik niet. (Op de laatste bladzijde in het boek staat hoe je een venster met een kijkgat maakt).

Als er bij mij veel nieuwe dingen zijn om te zien, kan het voorkomen dat dit best eens gevaarlijk kan zijn. Niet alle prikkels die ik kan zien, komen bij mij binnen. Bijvoorbeeld op straat als ik ga oversteken. Dan neem ik echt de tijd om aan de overkant te komen. Anders zou het zo maar eens kunnen, dat ik tegen een fietser aan loop. Het is goed om dit te weten. Dan kun je extra goed opletten in het verkeer.

Mensen vinden het fijn als je ze aankijkt, wanneer je met ze praat. Vroeger toen ik nog jong was, net als jij, vond ik het lastig om mensen in de ogen aan te kijken. Nu heb ik dat geleerd. Mensen vinden dat netjes als je dat doet, het hoort zo.
Maar ik zal je verklappen, ik kijk niet de hele tijd in de ogen. Ik kijk ook naar hun haren, hun oren, hun mond en hun neus. Dat kan met één blik (wat is een blik snapt uw kind dat?).
Niet de hele tijd, als ik nadenk gaat mijn blik ook ergens anders heen. Het aankijken gaat nu van zelf. Ik ben daar nu dus niet meer mee bezig.
Als je iets vaak oefent, gaat het vanzelf. Je zou het al aan tafel kunnen oefenen bijvoorbeeld met je helpers tijdens het eten. (Als uw kind hier moeite mee heeft, oefen het dan regelmatig bijvoorbeeld aan tafel).
Soms kijk ik mensen even aan en als ze iets vragen tijdens het praten, dan denk ik na en héél eerlijk, weet ik dan niet eens waar mijn blik naar toe gaat. Het is ook niet nodig om ze de hele tijd aan te kijken.

Mijn ogen zijn ook gevoelig voor zonlicht. Zodra de zon schijnt, vind ik dat te fel en daar heb ik last van. Ik zet dan een zonnebril op. Zo kan ik ook van het mooie weer genieten.

Welke prikkels, die je kunt zien, vind jij lastig? Praat hier over met je helpers.
Misschien ben ik wel iets vergeten in dat wat hier staat en gaat over prikkels die je ziet of heb je daar geen last van. Dat kan want, zoals ik al schreef, is iedereen anders.

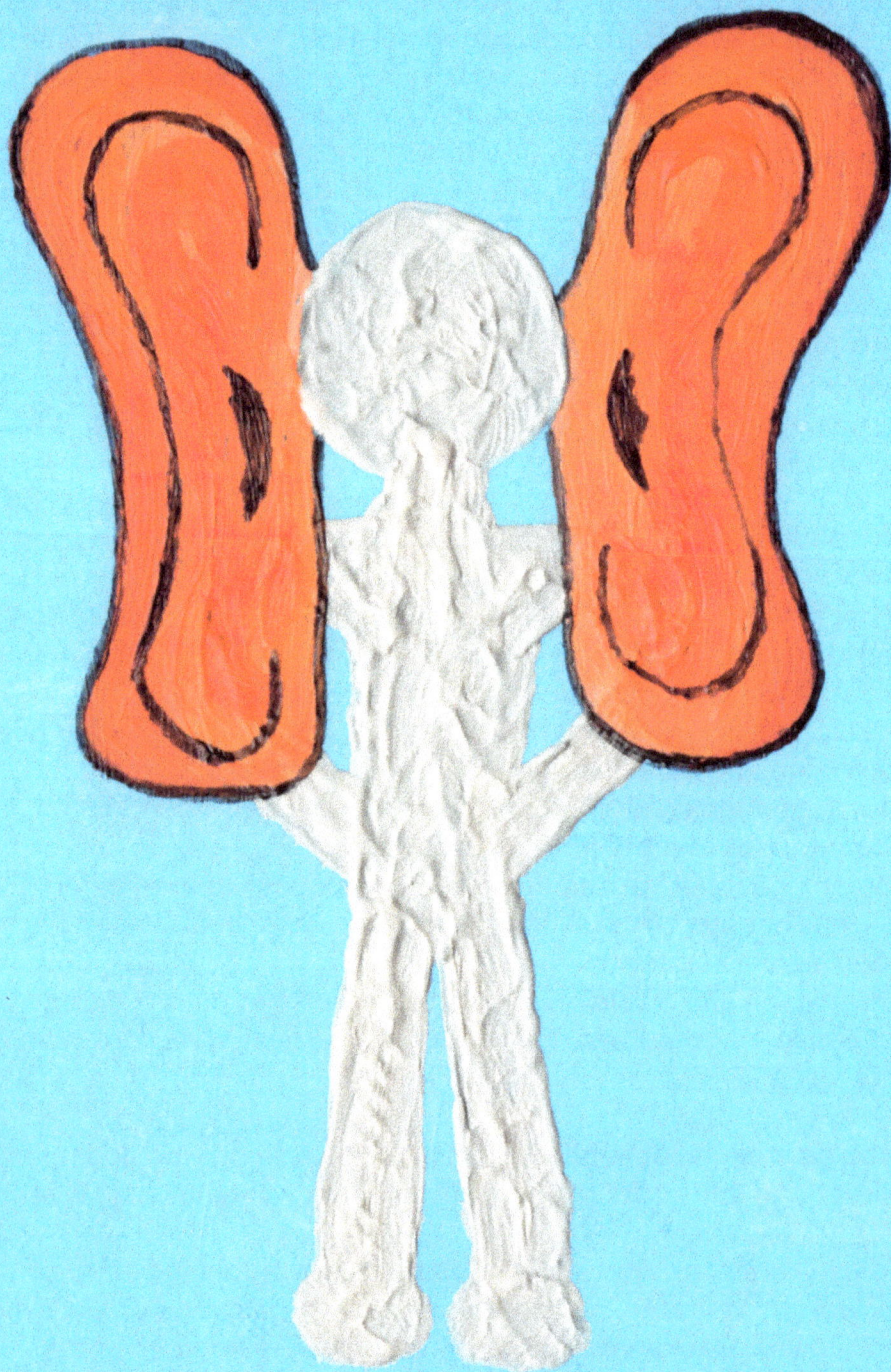

## 5    Horen met je oren

In en om je heen is, veel geluid. Geluid hoor je met je oren. Maar dat wist je vast al?

Wat voor geluiden kun je in jezelf horen?
- o    Een maag die pruttelt als je honger hebt.
- o    Speeksel wat je inslikt.
- o    Je eigen stem als je praat.
- o    Eetgeluiden als je eet.
- o    Weet je zelf nog iets?

Buiten je zelf is ook nog veel geluid.
Ben maar eens een minuutje stil en vertel maar eens aan je helpers wat je allemaal hoort.

Wat hebben jouw helpers gehoord?
Wat is het verschil? Of is er geen verschil?

Vertel eens aan je helpers of er bij de geluiden, die je in dat minuutje gehoord hebt, of daar ook geluiden bij zitten die je altijd hoort!

Wat vinden je helpers daar van?

Mensen met autisme zijn vaak heel gevoelig voor geluid. Ze horen veel en vaak ook tegelijkertijd. (Weet uw kind wat tegelijkertijd is?)
Ik vind het fijn om een rustige plek te hebben, waar ik mijn werk kan doen. Anders kan ik niet nadenken. Heb jij dat ook?

Als dat zo is, heb ik misschien wel een tip voor je. Er zijn koptelefoons die je op kunt zetten in je klas, waardoor je veel geluiden van buiten af niet meer hoort. Je kan daardoor beter nadenken. Want jouw juf of meester heeft vast geen klas voor jou alleen of wel?
Misschien heb je wel geen last van prikkels die je hoort met je oren. En dat kan want, zoals ik al schreef, is iedereen anders.

# 6    Proeven of voelen met je mond en tong

Met je mond eet je en met je tong proef je. Je kunt
er ook mee praten. Maar dat gaat volgens mij goed, toch?

Mijn mond en tong zijn erg gevoelig. Zo vind ik het niet fijn om mensen kussen te geven
als ze jarig zijn. Zeker als dit mensen zijn, die ik niet erg goed ken. Ik doe dit dan ook niet.
Ik geef ze een hand. Dat is ook netjes.

Met mijn tong proef ik het eten, dat heet smaak. Eten kan erg lekker smaken, maar ook
niet lekker smaken. Als het niet lekker smaakt, dan kunnen de kriebels al over je rug lopen
wanneer je dit eten ziet.

GADVERDAMME en dan moet je dit vaak ook nog eten van je helpers. Daar helpen ze je
niet echt mee of wel?

Je kunt eten niet lekker vinden omdat er harde stukjes in zitten als alles door elkaar
gehusseld is. Die harde stukjes voelen niet prettig op je tong. Als het eten apart op je bord
ligt, aardappel, wortel en ui, dan is het veel duidelijker wat je eet dan bij dat gehusselde
eten.

Kijk maar eens naar de verschillen op de foto's. Wat valt je op?

Dit is hutspot of wortelstamp                    Dit zit er in!

Rechts zie je wat je eet en links niet.

Ik zelf vind gehusseld eten wel lekker. Maar weet je hoe dat komt?
Ik maak het nu zelf en dan weet ik wat er in zit.

Je kunt natuurlijk altijd vragen wat er in het eten zit, als je het niet weet. Je kunt ook zelf eens koken met je helpers. Dan zie je wat er allemaal in gaat.

Maar wat je beter niet kunt zeggen, als je iets nog nooit gegeten hebt, is zeggen:
"Ik lust het niet."

Want hoe weet je nu als je het nog nooit hebt gegeten, dat je het niet lust?
Ik zeg altijd tegen mijn kinderen; van proberen kun je leren. Leren eten in dit geval.

Al begin je maar met een klein beetje. Zo probeer je het uit en leer je het misschien wel lekker te vinden.

Je kunt het in ieder geval proberen, toch?

Het kan ook zijn dat je het niet lekker vindt en ook nooit lekker gaat vinden. Zo lust ik nog steeds geen rode kool en rabarber. Als ik dat moet eten, lopen de kriebels nog steeds over mijn rug. ECHT VIES, bah!

Wat vind jij van eten? Praat hier over met je helpers.
- o    Wat is jouw lievelingseten?
- o    Wat lust je echt niet?
- o    Hoe komt dat denk je?

Misschien heb je geen last hebt van prikkels, die kunt proeven met je tong en voelen met je mond. En dat kan want, zoals ik al schreef, is iedereen anders.

# 7        Wat is autisme, een vol hoofd?

Als er veel prikkels zijn waar je last van hebt, dan kan het voorkomen dat je hoofd vol raakt en het je te veel wordt. Als het voor mij te veel wordt, ga ik heel hard huilen en snikken en kan ik niks meer doen dan alleen nog maar huilen. Zo komt dat er bij mij uit.

Ik vind dat niet erg. Het is goed dat het er dan uit komt want, dan ben ik het kwijt. Gelukkig komt het bij mij niet zo vaak meer voor. Dit komt omdat ik nu goed voor mijzelf kan zorgen. Ik weet hoe autisme bij mij werkt en kan hiervoor trucjes gebruiken. Bijvoorbeeld als ik nu merk dat mijn hoofd vol is, dan neem ik alleen een pauze van 15 minuten. Ik trek me dan terug op een rustige plek en drink daar even wat. In mijn kindertijd gebeurde dit huilen vaak. Als het nu gebeurt, dan schaam ik mij er niet voor.
Als het nu gebeurt, dat ik door mijn volle hoofd begin te huilen, dan schaam ik mij er niet voor. Ik weet nu, dit ben ik en dit hoort bij mij. Ik heb dit geaccepteerd.

Ik zeg dan tegen mijzelf:
Het is oké, gooi het er maar uit.
Het lucht mij op.
Mijn hoofd raakt daardoor minder vol.
Ik weet, dit ben ik en dit hoort bij mij.

terugtrekken of verschuilen

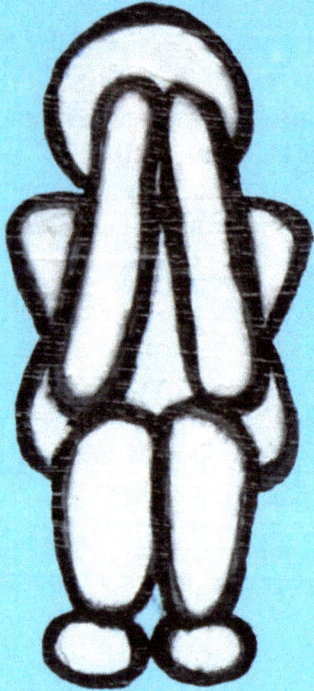

verdrietig zijn

boos worden, stampvoeten

anders doen als anders

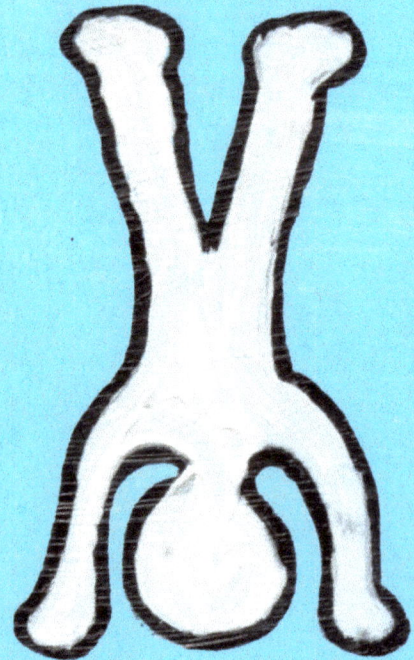

Wordt het je ook wel eens te veel?
Wanneer je deze vraag met ja beantwoordt, kun je hieronder verder lezen.
Bij nee, mag je deze bladzijde overslaan.

Hoe ziet dat er bij jou uit als het je te veel wordt? (Praat daar over met je kind).
- o Wat gebeurt er dan in en met je lijf?
- o Wat voel je?
- o Hoe laat je het zien aan anderen dat het je te veel wordt?
- o Wat doe je?

Het kan zijn dat dit lastige vragen zijn, misschien herken jij je in een plaatje.
Hiernaast staan plaatjes van poppetjes, die geven weer hoe het er uit kan zien als het te veel wordt . Het kan natuurlijk ook zijn dat het bij jou anders is of dat je het niet weet.

Misschien kunnen je helpers je op weg helpen en je aan het denken zetten wanneer je het zelf niet weet.

Wat zou jij kunnen doen wanneer je een vol hoofd hebt? (Praat daar over met je kind).
- o Wie kan je hierbij helpen?
- o Hoe zou je aan je helpers kunnen aangeven dat je een vol hoofd hebt?
- o Wat zouden je helpers tegen je kunnen zeggen als zij denken dat je hoofd vol is?
- o Wat vind je daar van als zij je er op wijzen dat je een vol hoofd hebt?
- o Wat heb je nodig om je hoofd leeg te maken?

Misschien wordt het jou wel nooit te veel. En dat kan want, zoals ik al schreef, is iedereen anders.

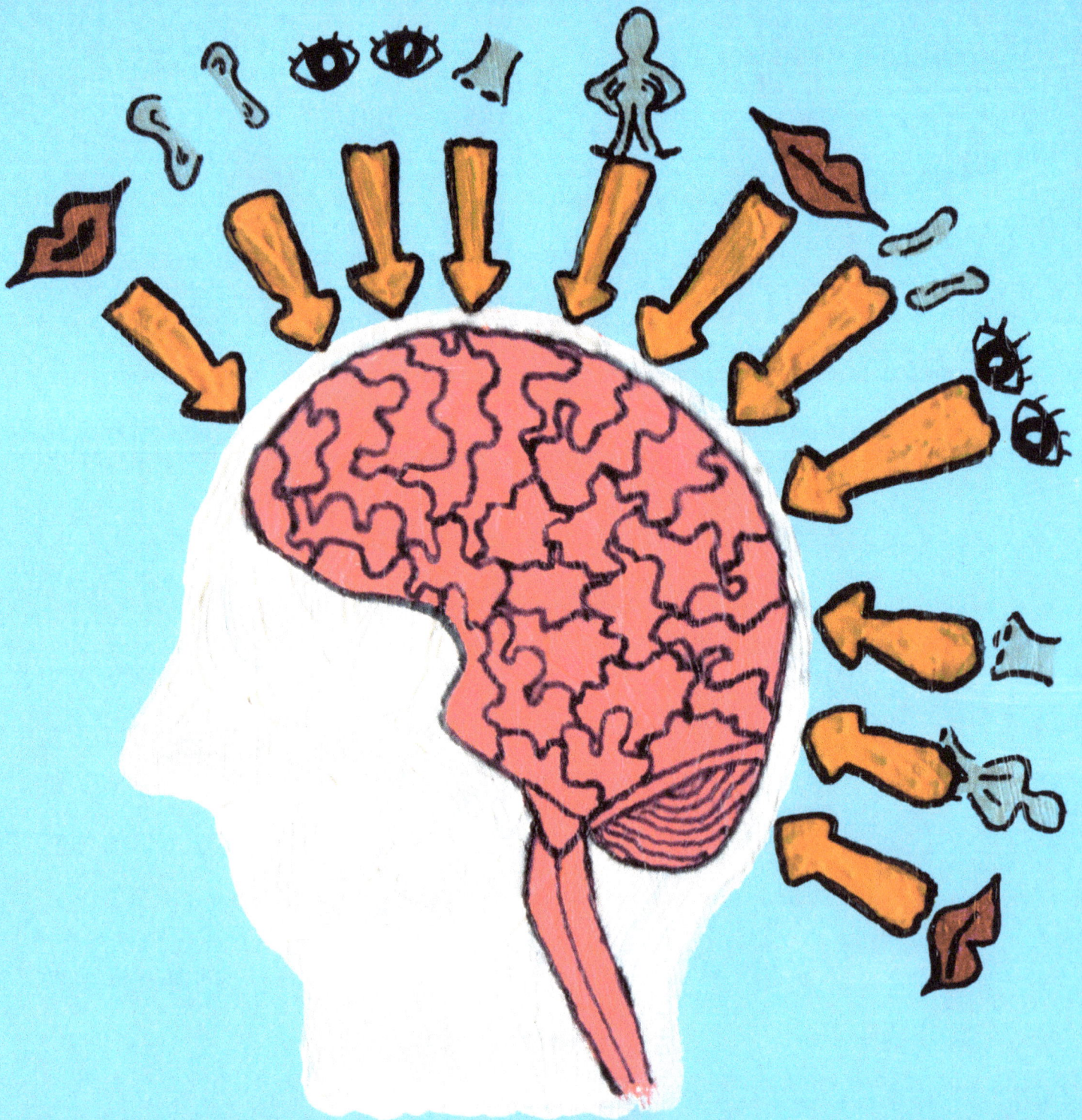

8       Wat is autisme, hersenen die anders werken?

Nu vraag jij je vast af hoe het kan dat wij mensen, met autisme, last hebben van deze prikkels en mensen zonder autisme niet?

Zal ik je eens vertellen dat ik deze vraag ook heel lastig vind. Ik weet dat onze hersenen anders werken.

Dat weet ik omdat mensen dat aan mij verteld hebben. Ik kan het niet voelen, zien of aanraken. Ik weet het alleen uit verhalen. Dat vind ik lastig en moeilijk te begrijpen. Ik kan niet voelen hoe het is om hersenen te hebben zonder autisme. Als ik dat een dagje zou hebben, dan wist ik hoe zulke hersenen werken. Maar dat kan niet,  best jammer vind ik.

Ik ben blij met mijn hersenen. Ik kan er veel mee. Mijn hersenen hebben autisme, dat vind ik zelfs nog mooier klinken.

Hersenen met autisme zijn anders en werken anders dan hersenen zonder autisme.
Hoe komt dat?

De verbindingen (weet uw kind wat verbindingen zijn?) in hersenen met autisme van alles wat wij waar nemen met onze zintuigen werkt anders. Zo komt alles tegelijk binnen.

Bij hersenen zonder autisme is dat niet zo.

In de tekening links ziet het er voor mij zo uit.

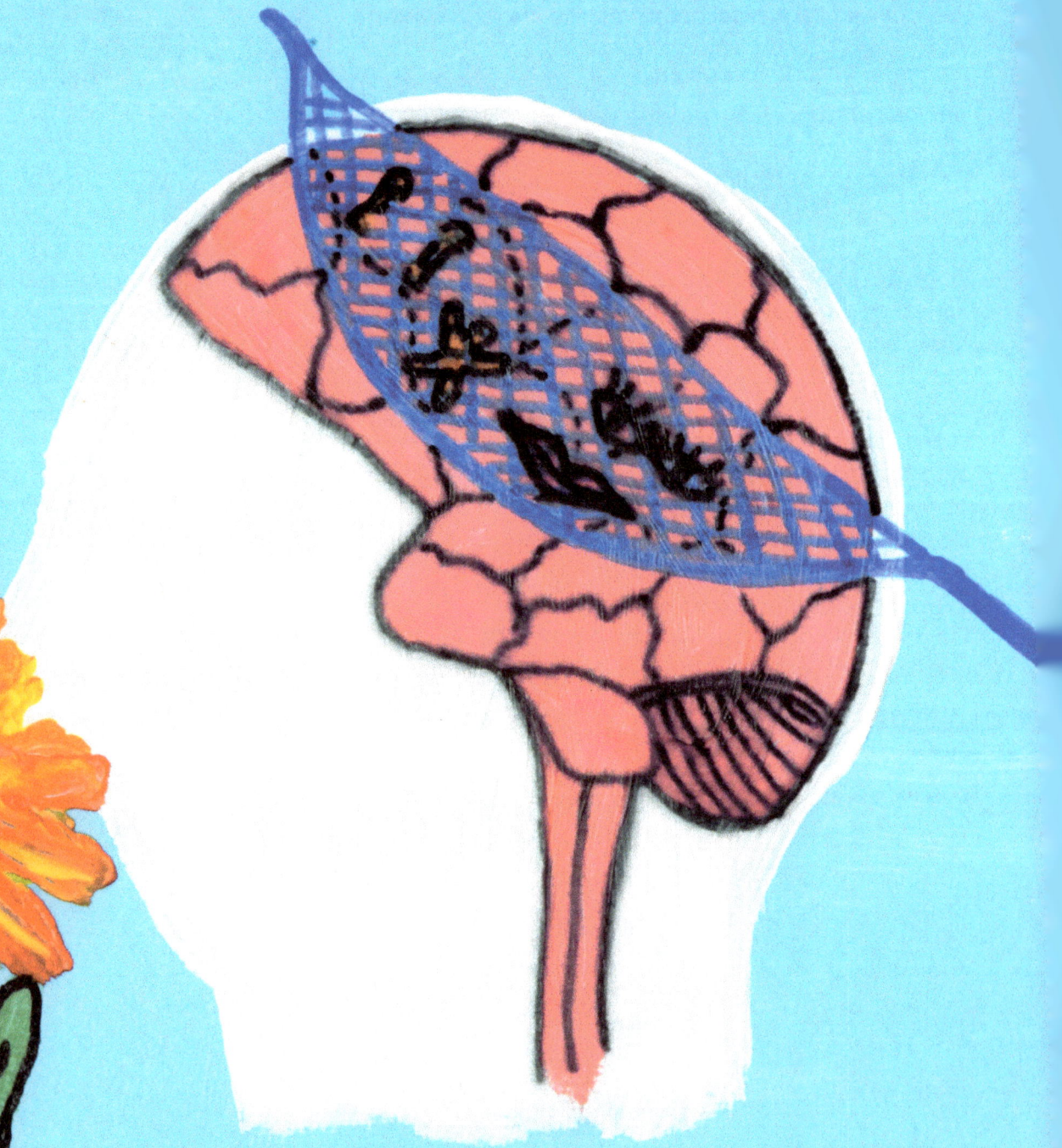

De mensen zonder autisme kunnen met hun hersenen prikkels weg halen door te zeven. (Snapt uw kind wat zeven is?)
Ik heb hier links een plaatje gemaakt, zoals dit er voor mij uit ziet.
Wanneer mensen zonder autisme een bloem willen ruiken, kunnen zij zich met hun hersenen hierop concentreren. Zodat ze ook alleen de geur van de bloem ruiken.

De mensen met autisme kunnen dat niet. Ik heb geen ingebouwde zeef in mijn hersenen. Dat heeft voor mij ook voordelen. Zo heb ik een olifantenbrein. Hersenen zonder autisme onthouden vaak niet zo veel.

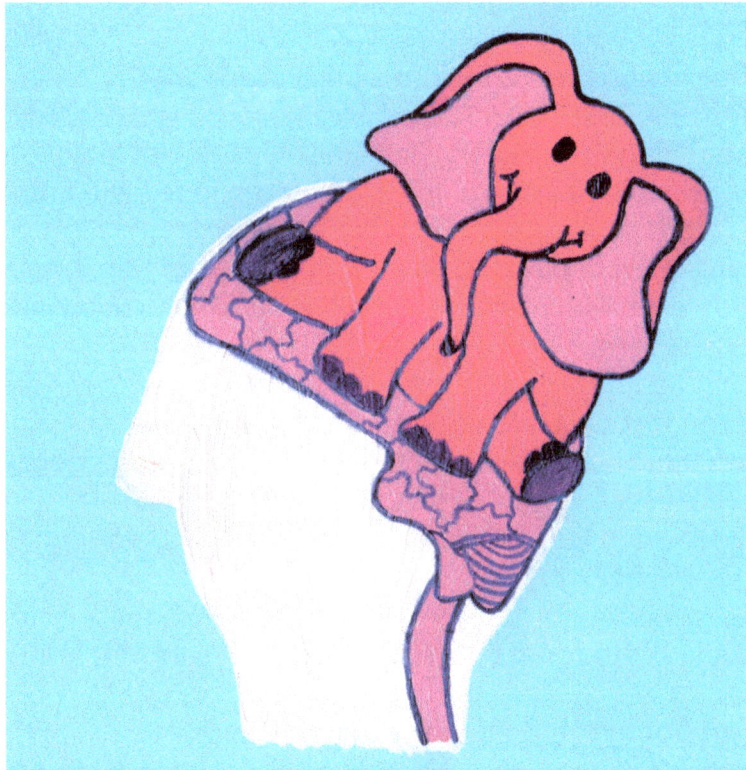

Dit zijn voor mij hersenen die héél véél kunnen onthouden en dat ziet er zo uit.

Grapje!

9      Wat is autisme, moeilijk kunnen starten of stoppen met een taak?

Mensen met autisme kunnen vaak in iets op gaan en hebben dan geen oog of oor meer voor andere dingen.

Zo vind ik het heel leuk om te tekenen en te schilderen. Als ik daar mee bezig ben, wil ik graag pas stoppen als het af is.

Maar dat kan niet altijd, soms moet je ook eten of iets anders doen. Het helpt mij om een wekker te zetten. Zo weet ik hoe lang ik ermee bezig kan zijn en wanneer het tijd is om iets anders te doen, bijvoorbeeld eten. Als ik geen wekker zet dan vergeet ik soms te eten.

Heb jij ook iets waar je heel lang mee bezig kunt zijn? (Praat hier over met je kind)

Om met een taak te starten vind ik ook lastig. Zeker als de taak niet leuk is, maar wel moet gebeuren. Ik heb een ingebouwde kast in mijn slaapkamer die te klein is voor al mijn kleren. Zo heb ik herfst & winter kleren en lente & zomer kleren. Omdat niet alles in die kast past, moet ik een deel van mijn kleren in plastic bakken stoppen. Daar heb ik niet altijd zin in, maar als het kouder wordt is het ook niet zo handig om in mijn korte broek te lopen. Dus het is wel iets wat moet gebeuren.

Ik maak dan met mijzelf een afspraak. Wendy op deze dag ga jij je kast opruimen. Want je kunt niet in je korte broek blijven lopen. Ik schrijf die afspraak dan bijvoorbeeld op een briefje zodat ik het niet vergeet en zo zorg ik er voor dat het gebeurt.
Als ik dan klaar ben met deze niet leuke taak, geef ik mijzelf een beloning. Ik mag dan gaan schilderen. Dat werkt voor mij heel goed.

Heb jij ook iets wat je niet leuk vindt om te doen? (Praat hier over met je kind)

Wat zou jou helpen om ervoor te zorgen dat je dit toch gaat doen?

Er zijn taken die bijna elke dag terugkomen. Bijvoorbeeld op tijd klaar zijn om te vertrekken naar school. Toch kan het lastig zijn om te starten met een taak omdat andere dingen die je op dat moment tegen komt voor jou leuker zijn, bijvoorbeeld speelgoed. Waardoor je die taak vergeet. Wat kan helpen is, om samen met je helpers bijvoorbeeld, een stappenplan te maken.

Dit stappenplan hang je op een plek waar je het gebruikt en zodat je het goed kan zien .
Zo'n stappenplan voor op tijd klaar zijn om te vertrekken naar school, kan bestaan uit woorden maar ook uit plaatjes. Een ander woord voor deze plaatjes is picto's.
Een voorbeeld:

Op staan –  wc  –  douchen  –  aankleden – haren kamen – schoenen aan – boterham eten – tanden poetsen.

De pictogrammen zijn van sclera.be. Deze en vele anderen zijn gratis te downloaden

Dit stappenplan met picto's kan helpen om op tijd klaar te zijn voor school.
Je weet nu eerst dit en als er nog tijd over is, dan mag ik nog even spelen.
Het is fijn om het stappenplan op te hangen op een plek waar je het goed kan zien en ook nodig hebt. Ik heb weleens gehoord dat er helpers waren die een stappenplan voor het "op tijd naar school gaan" op de koelkast hadden gehangen.
Als je kleren nu in de koelkast liggen dan zou ik dat nog snappen. Maar daar liggen ze niet.
Wat zou jij voor dit voorbeeld een handige plek vinden?

Zou jij ook ergens een stappenplan voor willen hebben? (Praat hier over met je kind)
- o      Waarvoor dan?
- o      Welke stappen heb je hierin nodig?
- o      Wat is het fijnste voor jou, plaatjes of woorden of allebei?
- o      Wat is voor jou een fijne plek om dit stappenplan op te hangen?
(Picto's kunnen eenvoudig op internet gevonden worden).

Misschien heb je wel geen moeite met het starten of stoppen van een taak en dat kan want, zoals ik al schreef, is iedereen anders.

## 10    Wat is autisme, woorden anders gebruiken?

Mensen met autisme gebruiken woorden soms anders dan mensen zonder autisme.
Een voorbeeld: mensen zeggen wel eens: "de appel valt niet ver van de boom."

Hier links heb ik een plaatje gemaakt van dat wat ik zie:
Logisch toch als de appel verder weg zou liggen, dan klopt dat niet. Dan begin ik me al af te vragen hoe dat komt dat deze verder ligt?

Maar als iemand dit dus zegt, heeft dit niets met bomen en appels te maken. Mensen bedoelen dan het volgende: dat je veel op je vader of moeder lijkt. Gek hè?

Zo zijn er ook woorden met meer betekenissen:
- o    Schat, waar denk jij aan?
- o    Kleuren, waar denk jij aan?
- o    Bel, waar denk jij aan?

Ken je er zelf ook nog één?


Lastig hè, die woorden met meer betekenissen? Dat vraagt om goed luisteren naar mensen en als je iets niet begrijpt of het niet klopt, dan kun je beter vragen wat er bedoeld wordt.
Daarom is het kiezen van de juiste woorden, als je zelf iets vertelt, belangrijk.
Het kiezen van woorden in onze zinnen is iets wat we vanaf kleins af aan al leren. Mensen met autisme zijn heel vaak bewust bezig met de keuzes van woorden, omdat wij duidelijk willen vertellen hoe het voor ons is.
Er zijn veel woorden en je kunt ze ook nog eens op verschillende manieren gebruiken.
Zo kun je ze ook gebruiken om te vertellen hoe jij je voelt.

blij

bedroefd

boos

bang

11    Wat is autisme, hoe voel jij je?

Een ander woord, wat gebruikt wordt voor hoe je je voelt, is emotie.
De 4 belangrijkste zijn:
- o    blij
- o    boos
- o    bang
- o    bedroefd

Ze beginnen allemaal met een b. Weet jij hoe deze emoties voelen?
Praat hier over met je helpers.
Wanneer ben je blij? – bang? – boos? – bedroefd?

Wat je voelt, ligt aan wat er gebeurt. Hoe iemand zich voelt, is voor iedereen anders.
Bijvoorbeeld: je moet naar school maar iedereen heeft zich verslapen.
Daardoor kom je te laat. Wat zou je kunnen voelen?
- o    Je bent blij want nu hoef je niet in de kring met alle kinderen uit de klas te praten.
- o    Je bent boos op je helpers want die zijn de wekker vergeten te zetten.
- o    Je bent bang want de juf wil altijd dat iedereen op tijd is. Misschien krijg je wel op je donder.
- o    Je bent bedroefd want je vindt praten in de kring zo leuk en nu mis je die.

Zo zie je maar. Allemaal verschillende emoties die je zou kunnen voelen door het verslapen.
Hoe zou jij je voelen? Praat hier over met je helpers.
Misschien voelt het voor jou wel anders dan de voorbeelden die hierboven staan.

Ik vind het lastig om mijn eigen emoties te kennen. Als jij dat ook hebt is dat goed
te snappen. Bij te veel prikkels merk ik soms niet eens dat dit ook iets doet met mijn
gevoel. Het wordt mij dan te veel. Iets wat helpt bij mij is een moment van rust pakken.
Bijvoorbeeld: met een korte pauze waarin je even alleen bent. Dat helpt mij goed. Er met
anderen over praten, heeft mij geholpen om mijn emoties te herkennen en te benoemen.
Er over praten met je helpers kan ook fijn zijn.

Anderen hebben ook emoties. Stel je voor dat een vriendje, die bij jou aan het spelen is, begint te huilen.
Wat doe je dan? Praat hier over met je helpers.

Je zou kunnen vragen:
- o     Wat is er?
- o     Waarom ben je aan het huilen?
- o     Wat wil je dat ik doe?

Die laatste vraag is een belangrijke, waarom?

Ik weet niet wat iemand nodig heeft. Ik weet ook niet wat hij of zij graag wil. Als ik het niet weet, kan ik natuurlijk altijd vragen wat ik moet doen en wat belangrijk is.

Door het aan de ander te vragen, kan ik iets voor diegene betekenen.
Ieder mens weet het beste voor zichzelf wat hem of haar kan helpen.
Dat is ook voor jou zo!
Door het te delen met anderen kan je voor elkaar van betekenis zijn.

## 12    Wat is autisme, spanning voelen?

Nieuwe dingen zijn vaak spannend. Weet je hoe dat komt?
- o      Je weet niet wat er gaat gebeuren.
- o      Je weet niet wat je kan verwachten.
- o      Het is onduidelijk.

Een voorbeeld:
Ik ga voor de eerste keer naar een verjaardagsfeest in een stad waar ik nog nooit ben geweest. De enige die ik ken is de jarige.
Het fijnste zou het voor mij zijn als ik dit van te voren zou weten:
- o      Wie zijn er allemaal op het feest?
- o      Waar is het feest precies?
- o      Wat voor feest is het?
- o      Hoe ziet het er daar uit?

Wat zou mij kunnen helpen denk je? Praat hier over met je helpers.
Ik zelf zou vragen of ik er van te voren al een keer heen kan gaan. Zo weet ik al waar het is en hoe het er daar uit ziet.
Dat zorgt bij mij al voor minder spanning.

Maar dat kan niet altijd. Wat gebeurt er dan met mij?
- o      Ik word zenuwachtig, ik moet vaker naar de wc om te poepen of plassen.
- o      Ik krijg buikpijn.
- o      Ik word misselijk.
- o      Soms krijg ik hoofdpijn.

Wat gebeurt er met jou als je iets gaat doen, wat je nog nooit gedaan hebt?
Hoe komt dat denk je? Praat hier over met je helpers.

Als ik iets nog nooit gedaan heb, dan vind ik dat spannend en dan ben ik er heel veel mee bezig in mijn hoofd. Dat is niet handig want het helpt mij niet.

Daar heb ik nu een oplossing voor bedacht. Ik ga iets doen wat ik leuk vind. Zo lukt het mij om er niet zoveel mee bezig te zijn. Dat zorgt dus voor afleiding.

Wat vind jij leuk om te doen? (Praat hier over met je helpers)

Het zenuwachtige gevoel gaat bij mij over door iets leuks te doen.  Helemaal weg is mijn zenuwachtige gevoel niet. Het helpt wel héél véél. Wie weet helpt het jou ook, toch? Je kunt het in ieder geval proberen. Want proberen is leren.

Wat ook spanning kan geven is het volgende:
Iets gaat anders dan jij van te voren had bedacht of verwacht.

Een voorbeeld:
Na school wil je afspreken met een vriendje. Je helpers waren vergeten te zeggen, dat je op die dag niet kan afspreken omdat je naar de tandarts moet. Op zo'n moment kan je hoofd vol raken en voel je spanning. Het had erg geholpen wanneer je helpers voordat je naar school ging het volgende tegen je hadden gezegd:

"Vandaag kan je niet afspreken want je hebt een afspraak bij de tandarts".

Duidelijkheid helpt ons. Maar helaas gaat niet altijd alles zoals wij het van te voren bedenken of graag zouden willen. Dat vind ik ook nog steeds lastig.

Iets wat mij helpt is:
In mijzelf tot 10 tellen en terwijl ik dat doe kan ik dan soms al een oplossing bedenken. Wat voor oplossing zou jij voor het voorbeeld hierboven kunnen bedenken? Praat hier over met je helpers.

13      Wat is autisme, waar zijn we goed in?

Autisme zorgt ook voor goede dingen. Zo zijn we vaak goed in:
- o      Het nakomen van afspraken. Dit noem je stiptheid.
- o      We zien veel kleine dingen. Dit noem je oog voor detail.
- o      We zetten door als we iets willen en gaan we er voor. Dit noem je doorzetten.
- o      Werken hard.
- o      Goed geheugen.
- o      Rekenwonders.
- o      Goede schrijvers.
- o      Goed met computers. Dit heet uitstekende computer vaardigheden.
- o      We doen wat we zeggen (hoog verantwoordelijkheidsgevoel).
- o      Goed in naleven van regels (goed in feiten en regels).
- o      Creatief, bijvoorbeeld: goed kunnen tekenen of schilderen (uitstekende kunstenaars).
- o      Muzikaal (muzikale wondertjes).
- o      Zeggen wat klopt (logisch denken).
- o      Goed kunnen puzzelen.
- o      Lang een taak kunnen volhouden (goed kunnen concentreren).

Misschien weet jij zelf nog wel iets waar je goed in bent?

Ieder mens heeft andere dingen waar hij of zij goed in is. Dat is ook voor mensen met autisme zo. Want iedereen is anders.

Ben je Kracht!

Iedereen is anders, alle mensen en kinderen, we zijn allemaal verschillend. Zo hebben we allemaal onze goede en minder goede dingen.

Door te herkennen en te ontdekken wat jij nodig hebt om je zelf te kunnen zijn en dat te laten zien, waar je goed in bent kom je bij: Ben je kracht! Zo zit dat bij mij!

Want ook jij verdient een plekje op deze wereld. Sta stevig in je schoenen en kom bij: Ben je kracht!

Doen waar je goed en sterk in bent.
Zodat je kunt stralen.

Kijkvenster

Op de afbeelding hieronder zie je hoe je een kijkvenster kunt maken.
Deze kun je dan gebruiken op bladzijde 18.

Knip uit een stuk papier of karton een vierkant van 10 bij 10 cm.
Knip in het midden een rond gaatje van 3 cm.

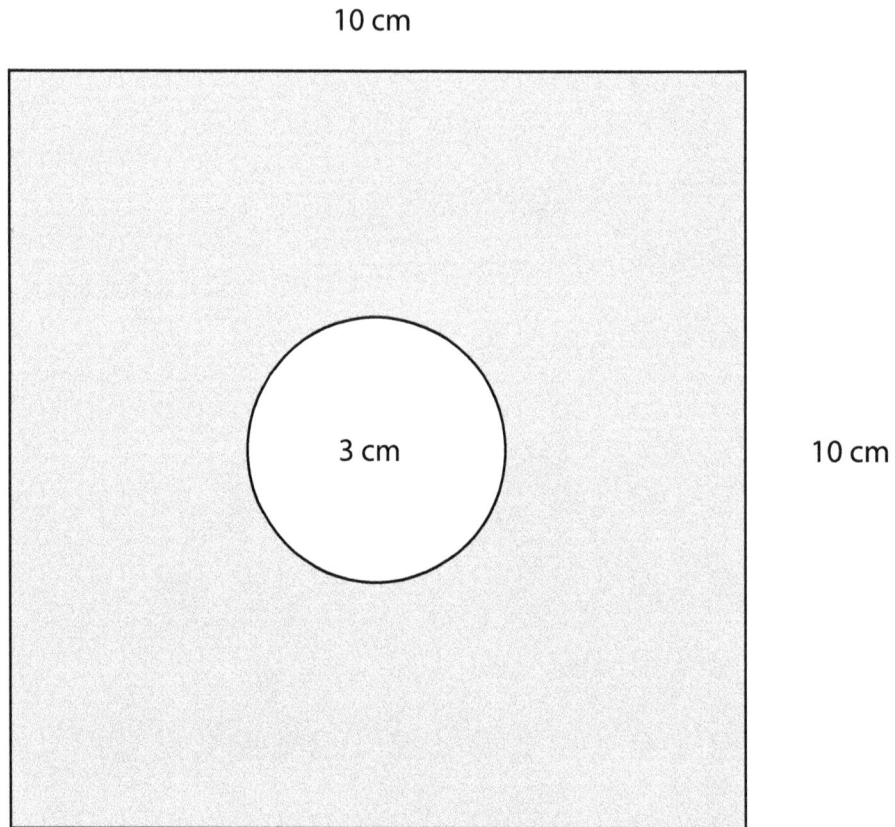

10 cm

3 cm

10 cm

www.ingramcontent.com/pod-product-compliance
Lightning Source LLC
Chambersburg PA
CBHW041601260326

41914CB00011B/1342

9 789491 337543